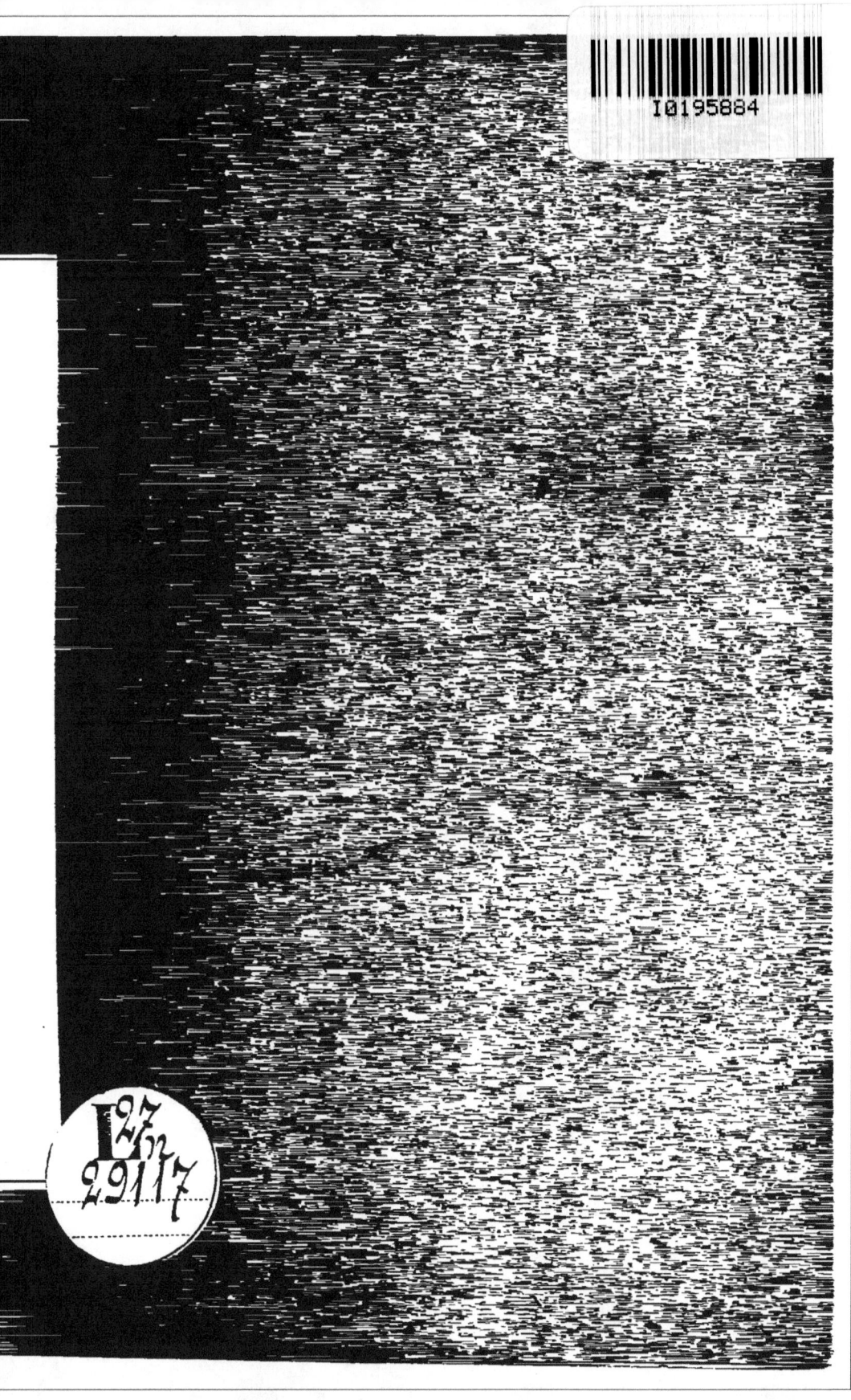

Épine (l') par Collot prêtre
Amiens 1876

✝

A LA MÉMOIRE

DE

MADAME LA BARONNE DE L'ÉPINE.

# A LA MÉMOIRE

DE

MADAME LA BARONNE

# DE L'ÉPINE.

AMIENS
Typographie H. YVERT, rue des Trois-Cailloux, 64.

1876

> Ayez confiance, ma fille, votre foi vous a sauvée.
> S. Matth. IX, 22.

> Or, j'ai placé mon espérance dans le Seigneur Jésus.
> Philip. II, 19.

> Seigneur, vous savez que je vous aime.
> S. Jean, XXI, 17.

Louise-Marie-Julie-Victorine Bertrand, Baronne de L'Épine, naquit au château de Vermandovillers (Somme), le 13 avril 1813.

Fille d'un officier général, qui, pendant les guerres de l'Empire, déploya sur maints champs de bataille une valeur chevaleresque, fut souvent cité à l'ordre du jour pour ses actions d'éclat, et reçut, à Leipsick, peu de temps après son mariage avec mademoiselle de LAGRENÉ, les blessures dont les suites causèrent prématurément sa mort ; élevée par une mère qui, formée de bonne heure aux sévères vertus de la femme forte, consuma ses jours dans les œuvres de la bienfaisance, Mlle BERTRAND puisa aux sources mêmes de la vie et dans les exemples du foyer domestique, une ardeur infatigable pour le bien, et je ne sais quel héroïsme de foi et de charité qui fut le fond de son caractère et l'âme de toute sa conduite.

Dans une de ses prières liturgiques, l'Église demande à Dieu d'accorder à ceux qui ont été régénérés par le baptême la foi qui éclaire les intelligences —*Fides mentium*,—et la piété qui règle les actions — *Pietas actionum*. (1) Or, ces dons précieux, la Providence les a répandus à pleines mains dans l'âme de Madame la baronne de L'ÉPINE. On dirait même qu'elle s'est complu à l'orner de cette foi et de cette charité, qui

---

(1) Oraison de la férie Ve après le dimanche de Pâques.

inondent le chrétien des clartés les plus vives, donnent à son caractère et à ses convictions la droiture et une fermeté inébranlable, et inspirent à son cœur un inépuisable dévouement.

La foi divine ! elle l'eût à un degré que j'appellerais volontiers extraordinaire, acceptant avec une soumission complète, et sans aucune réserve, les enseignements du Sauveur et les sentences dogmatiques de l'Église catholique, apostolique et romaine ; ne comprenant pas qu'on puisse hésiter à y donner son adhésion, quand il est certain que Dieu a parlé, et que le Vicaire de Jésus-Christ, cette voix infaillible de Dieu sur la terre, a promulgué les décisions qui importent au salut des hommes et de la société

La sincérité et la fermeté qui étaient la marque de ses croyances religieuses, Madame de L'ÉPINE les porta dans les idées de l'ordre politique. Inviolablement attachée, par sa naissance et par les traditions de la famille avec laquelle le mariage l'avait identifiée, à la cause si nationale de la royauté légitime, elle sut, au milieu des fluctuations et des naufrages dont notre temps a offert le spectacle, rester inébranlable dans le maintien des principes..... Mais éloignons de la tombe où elle repose maintenant le tumulte des agitations humaines, et, ne considérant que la chrétienne fidèle, gardons-nous de troubler par un vain bruit de paroles la sérénité du séjour où elle est heureuse, et où triomphent enfin et pour toujours la Justice et le Droit.

\*
\* \*

Ce serait peu d'avoir la foi si les œuvres ne suivaient.
    La foi qui n'agit pas est-ce une foi sincère ?
a dit un de nos poëtes. (1) Aussi la foi fut-elle pour Madame de L'Épine, non pas une théorie pure et sans importance pratique, mais un principe d'activité qui lui fit mettre avant tout, avec une indicible délicatesse de conscience, l'accomplissement de ses devoirs, et se manifesta par les œuvres de la bienfaisance et de la charité.

(1) Jean Racine.

C'est à elle qu'on peut sans crainte appliquer les traits sous lesquels l'Écriture-Sainte peint la « femme forte », (1) c'est-à-dire la mère de famille accomplie et la protectrice des pauvres.

*
* *

Qui pourrait dire la tendresse dont elle entoura les siens ? les délicates attentions et les touchantes sollicitudes de son cœur d'épouse et de mère ; la bonté si franche avec laquelle elle administrait sa maison ? — Dieu, qui connait le prix de ces douces vertus de la famille, dont Madame de L'Épine offrait un modèle irréprochable, Dieu seul connait aussi l'étendue du sacrifice qu'il lui imposa en la retirant de ce monde, et qu'elle accepta avec une incomparable générosité.

*
* *

Et les pauvres ? Il ne nous appartient pas de soulever le voile d'humilité sous lequel elle a

(1) Paraboles de Salomon, ch. 31.

caché tant de ses bienfaits, suivant cette règle posée par le Sauveur : « que votre main gauche ignore ce que donne votre main droite. » Mais parce qu'il faut que notre Père céleste soit glorifié par la manifestation éclatante de nos bonnes œuvres, Dieu voulut que des voix innombrables s'élevassent pour proclamer et l'inépuisable bonté de son cœur, et son respect pour la dignité du pauvre : elle donna et sut donner. Aussi croyons-nous que nul de ceux qui ont eu l'honneur de la connaître et qui l'ont vue à l'œuvre, à Amiens, où elle soulagea tant de misères inconnues ou visibles ; à Wargnies, au Quesnoy, où elle contribua pour une large part à la fondation d'œuvres appelées à procurer tant de bien, nul ne nous accusera d'exagérer la louange, en disant qu'elle a été une providence pour les pauvres et un modèle accompli de charité chrétienne.

*
\* \*

A tant de bonnes œuvres, que nous ne pouvons que rappeler sommairement, Dieu devait une récompense Celui qui nous apprend que pour « moissonner dans l'allégresse et la joie il faut « semer dans les larmes », a soumis la foi et la patience de Madame la Baronne de L'Épine à l'épreuve d'une longue et douloureuse maladie, accomplissant ainsi en elle ce mystère de la souffrance que le monde ne comprend pas, mais qui est pour l'âme chrétienne une source féconde de grâces et de mérites qui s'épanouiront dans l'éternité. Comment elle supporta l'épreuve, je ne le saurais le décrire en termes meilleurs que ceux dont se servit à son occasion un vénérable prélat, dans une lettre dictée par sa charité pastorale : « Je n'ai pas trouvé une foi semblable en Israël, affirmait un jour le Sauveur. Nous pouvons le répéter après lui, nous qui avons vu de près et entendu la chère défunte pendant les longs mois d'une maladie capable d'ébranler les plus fiers courages et de déconcerter la patience la plus héroïque. »

.
\*\*

Comme elle avait été patiente et résignée

durant sa maladie, elle fut douce envers la mort, qu'elle accueillit, nous le savons, comme une libératrice. Véritable carmélite au milieu du monde, elle nous offrit, à nous qui assistâmes à ses derniers instants et fûmes témoins de sa sérénité à l'heure terrible de la séparation suprême, un de ces consolants spectacles qui ne se voient que dans le cloître. Son visage portait comme un reflet de cette douce paix éternelle promise aux âmes de bonne volonté ; et il nous sembla qu'en exhalant son dernier soupir, elle n'avait fait que se rendre au tendre appel de Jésus, disant :

« J'ai eu faim, et vous m'avez donné à manger ; j'ai eu soif, et vous m'avez donné à boire ; j'étais pauvre, et vous m'avez secouru ; j'étais nu, et vous m'avez habillé. Venez, bénis de mon Père, posséder le royaume qui vous a été préparé ! » (1)

.*.

Le lundi de Pâques, dix-septième jour d'avril,

(1) Matth. 25-36.

mil-huit-cent-soixante-seize, à trois heures un quart de l'après-midi, Madame la Baronne de L'Épine, étant à Amiens, s'endormit doucement dans le Seigneur, dans la 64ᵉ année de son âge.

*In pace in idipsum dormiam et requiescam.* (1)

*<br>* *

Le vendredi suivant, la cérémonie de ses funérailles eut lieu dans l'église paroissiale de Wargnies-le-Petit. (2) Une foule imposante, composée d'ecclésiastiques, d'amis de la famille en deuil, de la population du village et de députations venues des paroisses environnantes, d'élèves des Frères de la Doctrine chrétienne et de l'ouvroir des Sœurs de la charité du Quesnoy, et de l'école dirigée, à Wargnies, par les religieuses de la Sainte-Union, se pressa autour de son cercueil, avide de rendre hommage aux vertus dont la vénérée défunte avait été un

(1) Ps. IV.
(2) Dpt du Nord.

modèle si accompli à la fois et si aimable. Aussi n'avons-nous-vu, dans ce long cortége de jeunes filles, escortant comme une garde d'honneur les restes de leur bienfaitrice, que des enfants pleurant une mère ; et dans cette suite nombreuse, accompagnant dans un religieux silence Madame la Baronne de L'Épine sur le chemin de sa dernière demeure, qu'une population attendrie par la pensée de ses bonnes œuvres, et attestant, par une attitude recueillie, qu'elle partageait, ou plutôt qu'elle regardait comme sienne la profonde douleur de la noble et pieuse famille à laquelle le Ciel a envoyé une épreuve si dure.

*<br>* *

O Dieu, qui avez reçu dans votre miséricorde, nous en avons la confiance, l'âme de votre servante fidèle, et lui avez donné le prix de ses bonnes actions, daignez envoyer votre esprit consolateur à ceux qu'elles a quittés et qui la pleurent sur la terre. Augmentez en eux — et en celui qui offre à la chère défunte ce pieux hommage de sa reconnaissance et de sa vénération, — la foi à l'immortalité et à la résurrection, — cette foi, si fortifiante et si douce, qui nous apprend qu'un jour nous pourrons vous contempler « face à face et tel que vous êtes », et que nous retrouverons pour toujours, dans les délices du Paradis, ceux que nous avons aimés dans « la vallée des larmes. »

Collot, Prêtre.

Amiens, le 23 Avril 1876.

Amiens. — Typographie H. YVERT, rue des Trois-Cailloux, 64,

www.ingramcontent.com/pod-product-compliance
Lightning Source LLC
Chambersburg PA
CBHW060552050426
42451CB00011B/1866